Le papier de cet ouvrage est composé de fibres naturelles, renouvelables, recyclables et fabriquées à partir de bois provenant de forêts plantées et cultivées durablement pour la fabrication du papier.


ISBN : 978-2-266-19821-9

Leslie Plée

# Moi vivant, vous n'aurez jamais de pauses

ou comment j'ai cru devenir libraire

Jean-Claude Gawsewitch
Éditeur

À tous mes collègues.

Rennes, novembre 2006.

J'ai pris rendez-vous
parce que ça va pas trop bien.

Tout a commencé quand
je me suis installée
à Rennes.

J'ai quitté Paris pour rejoindre mon copain et tenter une nouvelle aventure.

Rennes, Mai 2005.

J'ai visité plein de studios et j'ai eu un coup de cœur pour un studio dans un super immeuble style hôtel particulier en plein centre-ville pour un loyer dérisoire.

En plus le proprio n'était pas exigeant.

J'y ai passé des soirées...
... inoubliables...
...avec des joies...
... des peines...
..et malgré le pouvoir de l'amour, un bisou ne suffit pas toujours à effacer la douleur de s'être fracassé le petit doigt de pied contre la poutre.

La chance semble me sourire car juste une semaine après mon installation, je décroche un entretien d'embauche pour travailler dans "une grande surface de produits culturels" comme libraire.

Le 1er entretien se passe plutôt bien, même si les questions paraissent très personnelles.

Quelles valeurs transmettriez-vous à vos enfants ?
l'ouverture, la confiance...
ah, décidément la confiance
Au moment de partir, j'ai la nette impression qu'ils ont dressé un profil psychologique très clair à mon sujet.
Si vous êtes embauchée ce sera votre 1er travail ?
oui
Ça réglera peut-être ce petit problème de confiance
Alors que je le sentais hyper mal, la semaine suivante, on m'annonce que j'ai décroché le job !
ÇA Y EST !
J'ai un travail, un CDI en plus et à 35H.
J'ai l'impression d'avoir remporté une compétition une compétition super BALÈZE.
J'ai un boulot et un appart...
Je suis fficiellement adulte... et libraire !!!
CDI

C'était le plus beau jour de ma vie
Super
Sinon, pourquoi avoir arrêté le dessin ?

Un mois plus tard, je me rends à mon 1er jour de travail ! Le magasin n'est pas encore ouvert. Toutes les personnes recrutées se rencontrent dans un entrepôt où nous allons réceptionner toute la marchandise pendant deux mois, des livres, des CD, des DVD.

L'entrepôt se situe dans une zone industrielle où il n'y a rien à part des magasins très chic où on peut s'acheter 10 culottes pour 1 €.

Au total, on est environ 20 employés. Pour faire connaissance, on doit se mettre par deux, se poser des questions pour être capable ensuite de présenter son binôme au reste du groupe. Moi je tombe sur une fille avec qui j'ai zéro point commun.

Donc, voilà,
tu dois t'en douter,
j'adore lire
Moi, je lis JA-MAIS !
Tu lis quel genre de livres ?
Je lis un peu de tout
romans, polars, BD...
sauf tous ces trucs
ésotériques, je hais !
Moi j'adore !
Alors, je récapitule...
tu as 24 ans, ton 2e
prénom c'est Françoise,
tu adores l'ésotérisme et
la musique des années 80
Plus tard, j'apprendrai
à mieux la connaître...
Quimper ?
c'est un département ?
Tu déconnes ?
c'est bon,
je suis de Saint-Malo,
moi...

Après avoir passé les 20 premières années de ma vie assise sur une chaise, je supporte mal la position "debout-sans bouger".

Pour me reposer, je me mets une fois sur le pied gauche, une fois sur le droit.

Faute de siège, on s'en invente mais les chefs nous les interdisent (les chefs sont assis... ils sont chefs)

Je ne pense plus qu'à cette formation qu'on va avoir dans quelques jours. Je pourrai enfin m'asseoir !

Bonjour, je suis votre formateur. Alors moi, j'ai un principe, je fais TOU-JOURS mes formations debout !
On pense debout, c'est la verticalité, les arbres, le ciel.
J'adresse un bonjour spontané et personnalisé à tous les clients. Je porte toujours mon badge.
2H plus tard
j'en peux plus
j'ai mal au dos
il est quelle heure ?
connard
c'est abuser
putain mes jambes
je change de pied
... je suis d'humeur positive et toujours égale.
Merci de votre attention. J'ai beaucoup apprécié la concentration de tous !

Les journées sont longues à l'entrepôt, très longues. Ces 2 mois paraissent interminables. Il peut m'arriver d'étiqueter des stylos toute la journée. Dans ces moments, j'essaie de ne pas trop penser à mes années d'études.

Oui, les journées sont très longues.

Après 2 semaines de travail, j'ai un entretien avec mon chef.

tu lui as parlé des pauses ?
ouais, mais il dit que le midi c'est déjà une pause
Moi je suis trop dég, il m'a dit que je ne souriais pas assez... Mais tu vois une raison de sourire ?
Non, la plupart du temps, je souris bêtement
Fraîche ? crème fraîche ? non ça veut rien dire...

Les douleurs vont en s'accentuant. Au bout d'un mois on est passé à la phase de tri, c'est-à-dire qu'on est passé de "debout-sans bouger" à "debout-penché".

N'ayant pas d'expérience, je me retrouve à trier les "petits rayons", le droit, l'informatique, l'économie, la gestion...

Le truc que je comprends pas, c'est qu'on a des milliers de livres à trier et pas assez de cartons pour les ranger.
Est-ce que tu pourrais me filer un carton s'teu plaît ?
Non
Chaton, prends-moi 4 paquets de chewing-gum mangue-papaye, c'est pour le boulot... je t'expliquerai...

Parfois, en triant, je tombe sur des livres vraiment spéciaux.

" Créer avec des graines nos animaux familiers "

Alors, mon petit cœur, ça avance bien ?
BOURSE
EFFICACITÉ PERSONNELLE
BUSINESS PLAN
CRÉATION D'É
PHYSIQUE/MATHS
ASTRONOMIE
MANAGEMENT
RECHERCHE D'EMPLOI
DIVERS

Il est vraiment bien ce livre
Celui-là n'est pas mal non plus
DIRECTOR DÉSTABILISER SES EMPLOYÉS TOUTES LES ASTUCES
MANAGEOR RÉCONCILIER HUMOUR ET MANAGEMENT

uand le tri touche à sa fin, on peut enfin aller dans le nouveau
agasin tout neuf. Mais il nous reste tout le ménage à faire.
Je vous préviens ! Je serai intraitable sur la poussière !
OK ! il nous faut juste des chiffons
C'est tout ce qu'on a… Allez, c'est parti !
Déjà aux toilettes on avait que ça pour s'essuyer les mains…
Je crois qu'on est dans une boîte de tarés.
C'est quoi ça ?
CUISINE
Des miettes de PQ
Oui, le PQ fait des miettes.

J'ai aussi appris à mieux connaître mes collègues.

Dans notre équipe, il y a 4 filles et 1 garçon. Malheureusement, un problème relationnel est né avec le seul garçon.

En fait, aucune des filles ne comprenait son humour si particulier.

Bref, on avait du mal avec lui.

Le magasin allait ouvrir et je pensais que le pire était derrière moi...
Le dessin est-il derrière vous aussi ?

... en mettant mon gilet pour la 1re fois,

je pensais "ÇA COMMENCE !"

Ma vraie vie commence enfin. Le jour-là, quand on croisait les autres "gilets", on se faisait des sourires complices empreints de stress et d'excitation. Pour beaucoup d'entre nous, c'était le 1er boulot, la 1re fois qu'on pouvait montrer ce qu'on valait.

Je ne me suis pas découragée car j'ai vu une autre dame arriver. J'espère que j'aurai pas de livres à commander parce qu'on m'a expliqué vite fait et j'ai pas tout pigé.
Bonjour, on a une liste de livres à commander. Le 1er c'est "New Step-in", le workbook 6e
le quoi ?
... je ne sais pas si on commande les livres scolaires
Ah-bah-si-hin ! Bastien l'a commandé ici tout à l'heure !
hi ! hi !... j'appelle un collègue

je t'explique... tu tapes le titre

N E W ␣ S T E P ␣

I N après tu cherches le 6e ↓

normalement tu cherches la dernière édition

↵ F4 ↓ ↵ F4 ↓ ↵ c'est celui-là

...ah non ça c'est le manuel, on veut le workbook F4 ↓ ↵ ouais c'est ça

2005 et tu notes le gencode 9782 attends c'est le fichier pédagogique F4 ↓ ↵

non c'est le CD F4 ↓ ↵ c'est bon,

note 9782218746642 F4 ⇥ commandes,

↓ clients. Alors vous êtes Madame ?

B I N U R C L E ⇥

A N N I C K ☠ ⇥

1 R U E D E L '

E G L I S E ⇥

3 5 2 3 0 ⇥

N O Y A L ☺ C H A T I L L O N

S U R S E I C H E ⇥

0 2 9 9 3 1 9 1 6 7 F10

↵ F4 commandes clients ↵ tu retapes son nom B I N c'est elle-là ↓

↵ tu retapes le gencode

9 7 8 2 2 1 8 7 4 6 6 4 2

↵ tu valides F4 et là tu fais deux fois

F10 et tu revalides ↵

Voilà, c'est pas si compliqué, je te laisse faire la suite

Un vrai cauchemar ! Le magasin a ouvert fin août, du coup 80 % de la clientèle venait passer des commandes scolaires et je savais pas que c'était si dur de se faire comprendre.

j'ai commandé un livre
J'ARRIVE !
(rat, symbole de l'espoir)
Je voudrais offrir un livre sur un peintre belge
On va avoir Magritte
PEINTURE
Je vois pas ça chez elle...
(réflexion pourrie)
Sinon, pourquoi des peintres belges ?
Nos amis sont belges
On peut voir des peintres non belges
(réflexion toute pourrie)

Picasso ? j'aime pas
Cézanne ? j'aime pas
Monet ? j'aime pas
Léonard de Vinci ? j'aime pas
Raphaël ? j'aime pas
(ensemble de réflexions pourries)
PEINTURE
Tant pis... je vais lui prendre un DVD
(réflexion cruelle)
Bonne journée
c'est qui le plus fort ? Matisse ou Picasso ?

Mais quoi que je fasse, ma mère était toujours fière de moi :
La 1re fois qu'elle est venue me voir au magasin,
elle a commencé à prendre des photos sur le parking...

C'était tellement inhabituel
que le vigile s'est vite posé des questions.

Plus tard, j'ai dû confirmer
au directeur que la personne
soupçonnée d'espionnage industriel
était bien ma mère. C'était un
tout petit peu gênant.

Par contre, je n'étais pas du tout fière de moi car j'ai dû apprendre à mentir.

Au début, je disais toujours la vérité, je ne savais pas encore qu'il fallait mentir.

En fait, un mensonge rend le client plus épanoui.

Pendant que je me débats avec les clients, ma collègue du rayon jeunesse se débat avec le directeur.

Des petits cours de merchandising, ça fait toujours plaisir, surtout que Noël arrive à grands pas.

Dès le mois d'octobre, c'est le branle-bas de combat au magasin
Noël, c'est le truc le plus important du monde.

Les chefs ont des étoiles plein les yeux.

Et le mot d'ordre est "MASSIF"

C'est là que je découvre que mon chef a un sens esthétique très particulier. Pour lui, massif = beau, fluo = beau aussi.

C'est grâce à l'école de commerce qu'il sait tout ça. Avant d'être ici, les chefs ont travaillé chez Carrefour, Mc Donald's, Kronenbourg (tout s'explique). Maintenant, ils vendent "du livre".

Joël, c'est aussi des super réunions !
On voudrait de l'eau chaude
du chauffage
des poubelles qui ferment
de la lumière dans les toilettes !
et des casiers qui ferment
surtout de la lumière, j'en ai marre de faire pipi dans le noir
en plus si t'as tes règles...
Autre chose ?
RÉUNION DE COMMUNICATION
oui, étant donné qu'on est passé aux semaines de 40H, est-ce qu'on pourrait avoir une pause dans l'après-midi ?
Mais je vous connais, on vous donne ça et après... ça sera une 1 pause le matin et 2 pauses l'après-midi
On n'a pas 3 ans non plus
De toute façon, moi vivant, vous n'aurez jamais de pauses !

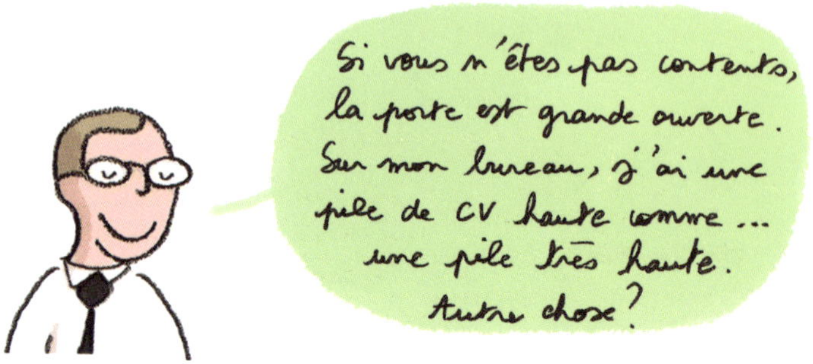


J'ai réalisé que je n'avais aucune valeur pour eux.

Quoi ! Vous pouvez pas me faire un prix ?
non, désolée
Mais il est abîmé !
je suis vraiment désolée, je peux le recommander
c'est un scandale, je veux voir votre chef !
On va vous faire -5%, c'est normal.
Votre chef, il est plus intelligent que vous !

FLASH BACK
même si c'est un défectueux !
c'est abuser !
on va se faire pourrir par les clients...

SOUS AUCUN PRÉTEXTE
-5%

À Noël, je commence à distinguer 2 catégories de clients : ceux que je renseigne mal
genre Da Vinci code quoi !
je voudrais un livre drôle, gai... un peu comme Marc Levy
un livre où on se prend pas la tête, comme Marc Levy
Y a quoi de bien style Da Vinci code ?
et ceux que je ne renseigne pas du tout
Pour quelqu'un qui a 30 ans, travaille à la mairie et qui se ronge les ongles, vous me conseillez quoi ?
oui la fabrication du polystyrène
Vous êtes en train de me dire que vous n'avez RIEN DU TOUT sur l'urinothérapie !
Alors moi, ça va être très simple, je cherche un livre sur la bravoure de chouans essentiellement

J'ai trouvé un seul avantage à faire ce boulot :
Je suis devenue une vraie armoire à glace.

On devient des baraques surtout à Noël à force de soulever des piles de livres toute la journée.
Heureusement, on a été bien récompensé par la boîte...

J'ai un agenda 2003-2004, et toi ?
un cadre cassé
Attends, j'ai un livre !
"Réussir son divorce"
et un tube de gouache marron !
Je crois qu'on se fout ouvertement de ma gueule

J'en ai vraiment eu marre quand on a commencé à me prendre pour l'agent d'entretien
GRAT GRAT
et pourquoi en avoir eu marre du dessin ?

… ne sais pas … j'ai essayé de me remotiver mais tout me déprimait …

Dans la vente, on dit toujours qu'il faut avoir beaucoup de recul et ne jamais rien prendre contre soi... c'est impossible si t'as pas fait au moins une initiation au bouddhisme.

à 12 ans

à 13 ans

De nos jours
Mon petit-fils adore les abricots, ça doit bien exister une BD où le héros est un jeune abricot?
(je cherche en plus)
Vous êtes bien gentille et aimable mais je vois bien que vous êtes stagiaire. Pouvez-vous m'indiquer un vrai libraire ?
Vous vous trompez, je ne suis pas du tout stagiaire.
oui... mais je préfère voir quelqu'un d'autre quand même

Le matin, ça devient de plus en plus dur.

Quand je commence à 8H, j'ai 3 possibilités.

1) Prendre le bus et arriver 30 minutes en avance...
l'hiver c'est insupportable.

2) Prendre le bus suivant et courir très vite.

3) Prendre un passage méga flippant qui traverse des jardins ouvriers le long d'une voie express.

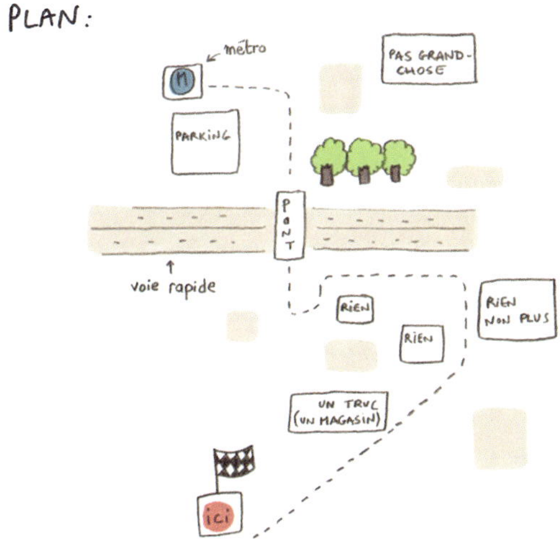


Et malgré tout ça, je ne préfère pas commencer à 9H.

À ce propos, un jour, en passant par ce petit chemin flippant susnommé, je décide de faire un petit film avec mon appareil photo.

Du pont, on a une jolie vue sur la rocade

Pour descendre du pont, il y a un passage secret à base de branchages et de marches en terre.

Ensuite, je suis mon petit chemin secret qui longe la rocade.

c'était vous sur le pont il y a 2 minutes ?
oui
Qu'est-ce que vous faisiez là-haut ?
un petit film avec mon appareil photo
Pour quoi faire ?
rien de spécial pourquoi ?
Nous, on nous a parlé d'une personne sur le pont qui regardait dans le vide.
Mais n'importe quoi !
(regards méfiants qui disent "toi tu voulais crever")
Vos nom, prénom, n° de téléphone, et vos papiers.
Bon, faudra plus recommencer
Mais recommencer quoi !
N'allez plus sur le pont
Un interrogatoire, une suspicion de tentative de suicide, rien de tel pour bien démarrer la journée.
(l'ami Ricoré peut aller se rhabiller)

On m'avait dit "tu verras, après Noël, on va souffler..." c'était sans compter les opérations prévues par les têtes pensantes de la boîte plus connues sous le nom "les services centraux"

je vais
lâcher...

On reçoit de telles quantités de livres qu'on n'a jamais assez de tables où les mettre. Reste à essayer de convaincre ses collègues de prêter une de leurs tables. C'est l'art difficile de "la négociation de tables".

Myriam, une nouvelle collègue (oui parce que je vous ai pas dit, mon collègue masculin est parti, d'ailleurs ça mérite un flash back)

* le libraire peut retourner à l'éditeur ses nouveautés invendues au bout de 3 mois (en clair, si le livre ne marche pas au bout de 3 mois, il dégage, réexpédié chez l'éditeur qui en fait des confettis)

Et quand notre collègue est arrivé...

Peu de temps après il a été muté dans un autre magasin et nous avons accueilli Myriam.

Commence alors pour l'équipe une longue traversée du désert. On passe nos journées à enlever les livres des rayons et à désétiqueter (ce que l'été j'avais étiqueté). À la fin d'une journée passée en réserve à désétiqueter seule dans le froid, plus rien n'a de sens. L'année 2006 va être un long cauchemar.

Les chefs sont contradictoires car ils disent ne pas vouloir ressembler à un supermarché, et en même temps, ils ne veulent garder que ce qui fait du chiffre.

Ça fait maintenant 1 an que le magasin a ouvert. Je vais revivre une rentrée scolaire, puis ce sera Noël, et des retours… Tout ce qui était nouveau et excitant ne le sera plus. Des collègues commencent à partir. Moi je reste.

3 mois plus tard

L'être aimé part bosser toute la semaine à Nantes.

Même mon chef s'en va brutalement.

Je commence à toucher le fond
j'ai des angoisses qui apparaissent et l'envie de pleurer à tout moment.
Dès que je suis seule à gérer la librairie, je suis prise de vertiges et de sueurs froides.
On me dit pourtant que j'ai tout pour être heureuse
Solène, tu peux revenir à l'accueil, je me sens pas bien
un amoureux
un chat
un appart
un ordinateur
un grand frigo
des petits poissons
une plante
une bougie en forme de renne
un travail
CDi
35h
à temps plein

Pourtant je ne me suis jamais sentie aussi mal.

Qu'est-ce qu'on a ?
On travaille le samedi,
les jours fériés, on est
payé le SMIC, on a
même pas -5% sur les livres,
ni tickets restau, ni pauses,
des objectifs impossibles à
atteindre, des primes pitoyables,
dis-moi, qu'est-ce qu'on a ?
On a tous fait des années
d'études pour faire quoi ?
de la manutention !

On essaie de faire comprendre notre mal-être mais c'est en vain.

Heureusement ma nouvelle chef a l'air trop sympa... en apparence.

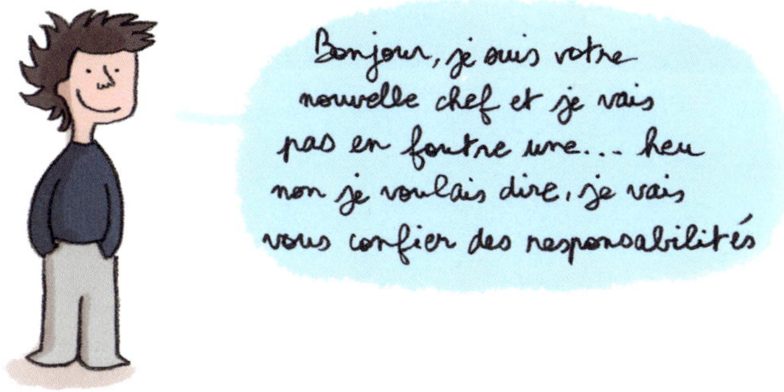


Des rumeurs inquiétantes circulent à son sujet.

oi je la trouve très chouette, pourtant je suis loin d'aller mieux.

Je suis rentrée chez moi, comme ça j'ai évité le pire.

Au fil du temps, je réalise pleinement l'incompétence dramatique de ma chef. Un matin alors que je suis la seule libraire, elle me force à voir un représentant à l'accueil. Je dois à la fois passer des commandes, choisir des nouveautés, répondre au téléphone et bien sûr renseigner le client. Pourtant elle n'est pas très loin...

Jamais mon ancien chef ne m'aurait laissée galérer comme ça.

Je vous ai pas encore parlé d'Alex. Il a été embauché en CDD pour remplacer ma collègue enceinte. Il a tout de suite fait preuve d'une surmotivation.

Avec lui, les clients repartaient toujours avec plusieurs livres.

J'ai trouvé ça nul qu'ils l'aient pas gardé parce qu'il faisait du bon boulot et il avait réussi à vaguement me remotiver.

Mais un caractère trop rebelle n'était pas le bienvenu. Depuis le départ d'Alex, tout est désorganisé. Il manque quelqu'un pour s'occuper du rayon sciences humaines. En quelques semaines le retard accumulé sur le rangement est énorme.

Aujourd'hui, je regrette mon ancien chef, il était d'une efficacité incroyable quand il s'agissait de nous filer un coup de main.

Pour tenir le coup, j'essaie de me remémorer des moments joyeux comme la nocturne prévue pour la sortie d'Harry Potter... Mais tout avait été annulé au dernier moment, on a vu des enfants pleurer donc c'est un mauvais exemple.

Ma chef est toujours au top

Heureusement mes clients préférés sont là pour me faire perdre mon temps.

L'ambiance générale est lamentable dans le magasin.

On a frôlé le suicide collectif.

Puis le coup de grâce m'a été donné.

7H plus tard

je vais devenir dingue si je reste ici, j'ai trop envie de filer ma dem'
démissionner, j'y pense même pas... perdre un CDI ! j'ai des gosses, je peux pas faire ce que je veux
je suis coincée !
c'est quoi ton boulot idéal ?
moi mon rêve c'est le dessin...
j'en ai pas, je bosse pour vivre c'est tout, j'ai jamais eu de passions
ah ! la vie d'artiste ! je reprends ma caisse, c'est parti jusqu'à 20H.
si je démissionne, je toucherai pas les Assedic
le dessin... démissionner...

et puis le chômage ça me fait peur. Je serai toute seule toute la journée, je vais me laisser aller. je serai vautrée sur mon canapé à mater les téléfilms de l'après-midi sur M6

je regarderai le site de l'ANPE, je trouverai rien

et j'irai traîner des heures sur le web.

Tout me fait peur d'une manière générale.
J'ai l'impression que la vie est un champ de mines.
CROA CROA !
je veux démissionner...
j'en peux plus...
je veux dessiner...
démissionne !
c'est des ordures !
c'est vrai et j'ai que 26 ans, je vais pas renoncer à mes rêves maintenant !

j'ai calculé qu'avec les congés payés et l'épargne salariale, je peux tenir 2 mois
et moi je peux t'aider, vas-y, démissionne !
tu crois ?
oui, t'inquiète je suis là, démissionne !
tu crois ?
tu crois ?
tu crois ?

ouais maman tu sais... j'en peux plus...
DÉMISSIONNE
tu crois ?
elle aussi m'encourage à démissionner
Ah ! tu vois !

Je vais démissionner ! Je vais me remettre au dessin !
Ah ? Pourquoi ?

le 05.05.07

fait à Rennes

Monsieur le directeur,

j'ai l'immense joie et l'énorme soulagement de vous remettre ma démission qui s'annonce comme le jour le plus merveilleux de ma vie. J'espère que vous ne trouverez personne pour me remplacer et que le jour de mon départ, vous pleurerez tout seul dans votre bureau, plein de regrets et de remords.

Cordidlement

leslie Plée

demain,
je donne ma lettre...

On est foutu !
on a 30 000 poches qui arrivent pour l'OPÉ "l'été tu fous rien, tu peux bien lire"
on va devoir faire des nocturnes, augmenter les heures, bon mais je serai en vacances mais vous vous allez galérer...
(jouissance)
au fait, je démissionne.
Mais... pourquoi ?

Je démissionne car ici je n'en peux plus et pour tenter mon rêve, le dessin
Aujourd'hui, j'ai envie de prendre des risques, j'ai envie de courir tel un chien fou sur le champ de mines
voilà, je suis jeune et si je le fais pas maintenant, je le ferai jamais
elle veut devenir folle au fond d'une mine... j'ai rien compris...

j'ai donné
ma lettre...

Mon dernier jour de travail fut une apothéose de joie !
Je finis dans 7 heures !
dans 4 heures !
DANS 2 HEURES !
leslie !
Ouais ?
t'as fini
Je... J'ai... fini...
J'AI FINIIIIIIIIIIIIIII !
gilet de merdeee !
Vous vendez des canapés ?

Parce que avant c'était la CANIF

MAIS TU VOIS DES PUTAINS DE CANAPÉS ICI ? T'EN VOIS, CONNARD ? T'EN DÉDUIS RIEN !!!

Que c'est bon !
Leslie, le directeur t'attend, il veut te dire un mot

et après le pot de départ, je suis partie.

aujourd'hui, je suis bien

# ÉPILOGUE

Rennes, novembre 2346 :

La mode est au chapeau pointu pour les personnes âgées

- non je n'ai pas encore accepté le fait de mourir

# DES BONUS et DES MAL-ÊTRUS

attention ton carton !
Quoi ?
aïe ...

Est-ce que vous avez un sac ?
un sac... je vois pas, c'est de quel auteur ?
non un sac... pour mes livres

Vole petit carton !

VOUS AVEZ LA BIBLE Ā 1 € ?!!..
RELIGION

Mais si je te l'dis, c'est la plaque tournante de l'échangisme
Bain de Bretagne ?

I ♥
MARC
LEVY

Composé par Nord Compo
à Villeneuve-d'Ascq (Nord)

Achevé d'imprimer en France en février 2010
sur les presses de la Nouvelle Imprimerie Laballery
58500 Clamecy

POCKET – 12, avenue d'Italie – 75627 Paris cedex 13

N° d'impression : 001301
Dépôt légal : mars 2010
S19821/01